Der Klapperstorch braucht keine Biene

Kinder über Küsse, Sex und Kinderkriegen

Herausgegeben von Sybille Ekrut und Barbara Pueschel

Aufgeschrieben und illustriert von den Schülerinnen und Schülern der Schule Arnkielstraße und der Schule Bahrenfelder Straße in Hamburg

KINDERMUND bei SUBITO!

verliebte
gekennen heimlich
Küssen

Bei Verliebten schlägt
das Herz schneller
und höher

Ich glaube
ab dem
Grundschulalter
kann man sich verlieben

Wenn
man
verliebt ist
schenkt man sich
einen Ring.

In der Hochzeitsnacht schenkt der Mann der Frau eine Rose, damit sie mit ihm ins Bett geht. Das ist so eine Art Erpressung – immerhin gibt sie ihr Bett her.

Verliebte Leute haben Sternchen in den Augen.

Wenn zwei ineinander verliebt sind, dann nimmt die Frau ganz viel Parfum und der Mann ganz viel Rasierwasser. Und dann riechen sie die ganze Zeit aneinander.

Verliebte trinken aus einem Glas, wenn sie es nicht ekelt.

Von Küssen kann leider keine Kinder bekommen, das funktioniert nicht. Auch, wenn es wirklich praktisch wäre, dann bräuchte man sich nicht so auszustrengen.

Bei Verliebtsein heiratet man darauf meistens und Das ist blöd, weil man den Partner nicht wechseln kann.

Eine Frau und ein Mann haben nur dann Kinder miteinander, wenn sie ganz schrecklich verliebt sind. Sonst wird das nichts.

Schmetterlinge im Bauch sind nicht echt, das ist bloß Nervösität.

Schmetterlinge im Bauch bedeutet das, die Frau Zwielinge kriegt

wenn man verliebt ist, hat man Schmetterlinge im Bauch gekriegt.

Wegen Liebeskummer braucht man sich nicht zu trennen: das macht die Liebe erst so richtig los.

Sex ist eigentlich nicht so schlimm, denn wenn man Sex hat, dann kriegt man Gefühle.

Man weiß nicht so genau, warum sich zwei Menschen ineinander verlieben, aber es soll etwas mit dem Geruch zu tun haben.

wenn man sich ein bisschen liebt, kriegt man einen Blumenstrauß; wenn man sich ganz doll liebt, kriegt man␣ ganz große rote Rosen

Wenn man ungefähr sieben Hochzeitstage geschafft hat, kriegt man ganz viel Gemüse, sogar als Kranz

Verliebte erkennt man an den roten Backen.

Am Hochzeitstag feiert man seine kommende Scheidung.

Mit der Hochzeit wird festgelegt, dass der Mann der Vater des kommenden Kindes sein kann.

Die Frau hat bei der Hochzeit eine Gardine an und der Mann nur eine Schleife.

Es ist ganz egal wie man aussieht, Hauptsache, man ist ein Mensch aus Fleisch und Blut.

Die Meisten Leute wollen kirchlich heiraten, damit sie für längere Zeit zusammen bleiben.

Das Küssen wurde erfunden, damit man warm wird. Damals gab es keine Heizung

Wenn eine Frau und ein Mann geheiratet haben, feiern sie ein großes Fest. Und wenn dann alle Gäste weg sind, stellen sie zusammen Kinder her, das dauert bis zum nächsten Morgen.

wenn zwei verliebt sind machen zu einen Zungenkuss auch wenn das ziemlich viel Überwindung kostet

Wenn ich verliebt bin, gebe ich meine Handynummer raus.

Es ist ganz egal, wie man aussieht, aber man müsste möglichst im gleichen Alter sein.

Verliebt sein ist nicht so gut als Kind, aber sehr gut als Erwachsener

Er schenkt ihr einen Blumenstrauch, damit sie sich in ihn verliebt.

Heiraten bedeutet, das man den anderen für immer brehalten darf und nicht bei den Eltern abgeben muss.

Nicht alle Ehepaare kriegen Kinder, weil Nicht alle Eltern Bravo sein.

Der Hochseizst ag ist der tag wo Mamas und Papas geheiratet haben und glücklich waren

Bei der Hochzeit ist die Torte in bisschen groß.

Bei der Hochzeit kriegt man viele Geldbriefe, weil die Kinder so teuer sind.

Man kriegt nur ein Kind, wen man sext

Man sagt, dass der Klapperstorch die Kinder bringt, weil der Spruch lustig ist und die Geburt frölicher macht.

Babys kommen aus dem Bauch der Damen.

Verlieben ist wichtig – sonst kann man die Menschenheit nicht forsetzen.

Zwei verliebte gehen immer zusammen spazieren

Verliebte finden alles gut an dem Mädchen, auch das Blöde.

Ohne Hochzeit können Verliebt nicht zusammen leben, weil der Mann ja nicht kochen kann.

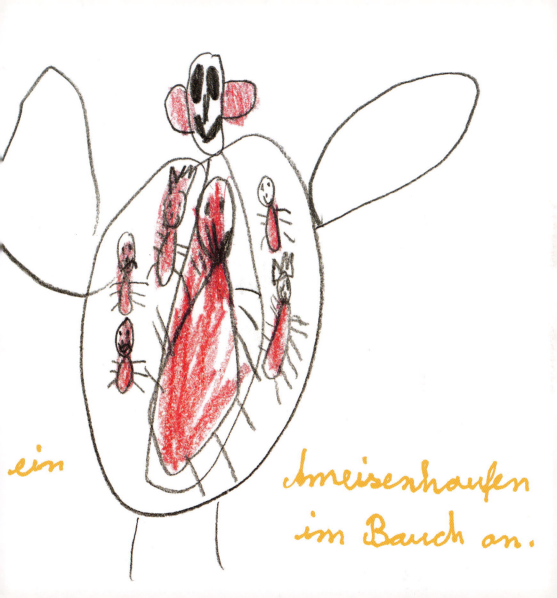

Küssen ist nebeneinander und Schmatschen ist aufeinander.

Um zu heiraten muss man sich vorher lieben, sonst geht das nicht

Die Liebe dauert so lange, bis man sich kennen gelernt hat.

Sich verlieben bedeutet, man schläft zusammen in einem Zweierbett

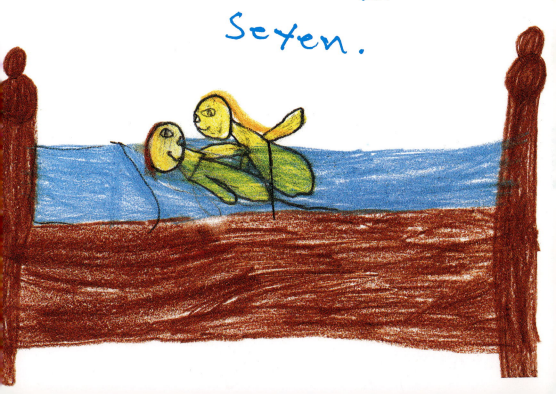

Um ein Baby zu kriegen müssen Mann und Frau einfach mit einander seyen.

Küssen geht ganz schnell, knutschen kann bis zu 50 Minuten dauern.

Bevor man sich richtig verliebt, unterhält man sich über seine Personalien

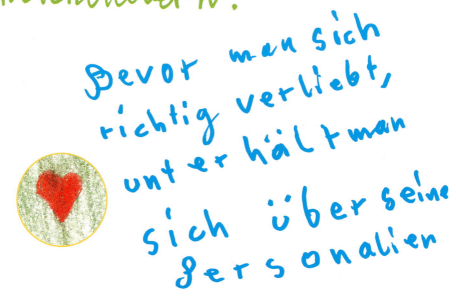

Man schenkt sich immer nur rote Sachen, wenn man verliebt ist: rote Rosen, rote Herzen und goldene Ringe.

Verliebte schauen sich tief in die Augen, der Rest geht dann von alleine.

Man sollte schon heiraten, weil man die Kinder dann besser zur Welt bringen kann.

Männer verlieben sich in Frauen, wenn sie gut kochen können

Man kann für immer vereint bleiben, außer man heiratet.

Heiraten will ich, aber Kinder will ich keine weil die immer so laut sind

Der Mann und Die Frau Heiraten und Feiern ein Fest

Wir bedanken uns bei den fleißigen Mitarbeiterinnen und Mitarbeitern der Schulen Arnkielstraße und Bahrenfelder Straße und allen anderen kreativen Mitstreitern:

Cansu, Alfons, Lovis, Gorina, Hannah, Linn, Dominique, Silani, Anna-Laura, Göghan, Tarkan, Moritz, Sebas, Artur, Lukas, Dejan, Güley, Gamse, Anthony, Kevin, Tahir, Ava, Ronja, Esra S., Esra Y., Kübra, Jeanette, Benjamin, Luke, Martin, Yaren, Nara, Ozan, Eren, Fatma, Dunja, Ekaterina, Morris, Gerrit, Sinan, Seyfullah, Tahir, Sinan ...

Überarbeitete Neuausgabe
© 2008 SUBITO! in der Baumhaus Verlag GmbH, Frankfurt am Main
Alle Rechte vorbehalten.
Herausgeber: Vito von Eichborn

Umschlag- und Innengestaltung:
Matrix Typographie & Gestaltung,
Umschlagillustration: Leander Hahn
Christina Modi & Maren Orlowski, Hamburg
Printed in Italy
ISBN 978-3-8339-4233-4

Gesamtverzeichnis schickt gern:

http://www.subito-verlag.de